ANDREA SCHWARZ
Du Gott des Weges segne uns

ANDREA
SCHWARZ

Du Gott des Weges segne uns

Gebete und Meditationen

FREIBURG · BASEL · WIEN

**FREUND
GOTTES SEIN
GOTTES
FREUND SEIN**

das
zu Schützende
bergen

durch meine

Sorgfalt
Zartheit
Behutsamkeit

aber auch durch

meinen Zorn
meine Kraft
meine Entschiedenheit

und nicht zuletzt

durch
mein Gebet

WARUM BETEN EIGENTLICH GANZ EINFACH IST

Vorwort

Als ich acht oder neun Jahre alt war, da war das mit dem Beten ganz einfach für mich: „Lieber Gott, mach, dass wir in diesem Schuljahr die nette Lehrerin bekommen!" oder „Lieber Gott, der Opa soll wieder gesund werden!" – und das sagte ich ganz inbrünstig und glaubte daran und danach ging es mir gleich besser.

Dann, einige Jahre später, fand ich das gar nicht mehr so einfach mit dem Beten. Zuerst ist mir wohl der „liebe" Gott abhanden gekommen – kann Gott wirklich „lieb" sein, wenn er so viel Leid, so viel Katastrophen, Krieg und Tod zulässt? Und die Fragen nach dem „Warum" wurden auch nicht beantwortet. Da gab es zu viele Gebete, die nicht erhört wurden – hört Gott überhaupt zu, wenn wir ihn bitten? Und was nützt dann Beten überhaupt, ist es nicht eher eine sanfte Droge für schlichte Gemüter, die damit ein wenig beruhigt werden sollen? Ist das nicht alles nur Einbildung und Fiktion?

Heute, inzwischen über fünfzig Jahre alt, ist Beten eigentlich für mich wieder ziemlich einfach geworden: „Gott, ich weiß nicht mehr weiter, hilf mir!" oder „Lass Susanne nicht mehr allzu viel leiden!" – und das sage ich ganz inbrünstig und ich glaube daran, und danach geht es mir in der Regel ein wenig besser. Ich habe neu zurückgefunden zu dem Vertrauen meiner Kindheit – und ganz ehrlich gesagt, so schlecht finde ich das gar nicht. Oder soll ich besser sagen: Ich habe es neu gefunden? Denn es ist nicht das alte, unschuldige Vertrauen von damals, als ich acht Jahre alt war. Es ist ein Vertrauen, das Leid und Tränen kennt, das den Tod erlebt hat, die Angst, die Verzweiflung, die Einsamkeit – und das trotzdem so betet, oder anders gesagt: so wieder beten kann. Denn dazwischen liegt ein Weg – und zu diesem Weg möchte ich mit einigen Gedanken einladen.

Gott ist der ganz Andere. Ja, den kleinen Unterschied haben Sie eben beim Lesen eventuell schon gemerkt: Ich sage nicht mehr „lieber Gott". Denn Gott ist nicht lieb. Ganz im Gegenteil: Gott ist immer radikal und existentiell und unbegreiflich. Und er muss es sein. Ein Gott, den ich begreifen könnte, würde ja in mein Denken hineinpassen, das heißt, er wäre kleiner als ich. Was aber wäre das für ein Gott, der kleiner ist als ich? An so einen Gott mag ich nicht glauben. Wenn Gott aber größer ist als ich, dann wird er mir immer wieder auch unbegreiflich bleiben. Dann, wenn ich meine, Gott verstanden zu haben, könnte es sein, dass es eben gerade nicht Gott war.

Und das bringt einen zweiten Gedanken mit sich: Gott ist keine „Wunsch-Erfüllungs-Maschine", so nach dem Motto „Gebet gesagt – Wunsch erfüllt". Das ist auch nicht der Sinn des Gebets, dass meine Wünsche erfüllt werden oder, etwas frommer gesagt, meine Gebete erhört werden. Das würde Gott verzwecken, ihn funktionalisieren, ihn zu einem magischen Wesen degradieren. Gott hat durchaus die Freiheit, mein Gebet nicht zu erhören.

Manche Gebete stehen sich dabei selbst im Weg, weil sie nicht nur meine Not vor Gott bringen wollen, sondern ihm zugleich vorschlagen, was er dagegen, bitte schön, tun soll. Und um passende Ideen sind wir selten verlegen. Ganz ehrlich gesagt, in diesen vergangenen Lebensjahrzehnten habe ich mich einige Male bei Gott entschuldigt, weil ich zuerst sauer war, dass ich nicht das bekommen habe, was ich wollte. Und ich habe erst im Nachhinein gemerkt, dass das, was er mir gegeben hat, eigentlich viel sinnvoller und besser war als das, worum ich ihn gebeten hatte.

Diese Erfahrung hat bei mir zu einem neuen Grundvertrauen geführt: Ja, ich glaube daran, dass Gott mir gut will – auch wenn ich es nicht begreife – und ihn noch weniger begreife. Aber vieles in meinem Leben, was ich im Erleben schlimm fand, nicht verstanden habe, hat sich im Nachhinein als sinn-voll, als wichtig erwiesen. Gut, es bleiben einige Fragen nach dem Warum – und die stelle ich Gott auch. Aber das ist zugleich der nächste Punkt.

Ich kann und darf diese Fragen stellen. Aber indem ich sie Gott stelle, akzeptiere ich zugleich, dass es ihn in meinem Leben gibt, auch wenn ich ihn nicht verstehe. Und da befinde ich mich in guter Nachfolge: „Mein Gott, mein Gott, warum hast du mich verlassen?" – das ist der Schrei Jesu am Kreuz. Beim genaueren Hinsehen ist die Frage eigentlich paradox: Entweder hat Gott ihn verlassen, dann braucht Jesus gar nicht mehr zu fragen. Oder er hat ihn nicht verlassen, dann stimmt aber die Frage Jesu nicht. Jemanden zu fragen, warum er einen verlassen hat, macht nur dann Sinn, wenn der andere eigentlich noch da ist. Jede Frage an Gott ist eigentlich zugleich ein Glaubenszeugnis – zugegeben, in aller Ohnmacht, in aller Verzweiflung, in aller Hilflosigkeit. Aber noch glaube ich daran, dass es einen Gott gibt, dem ich diese Fragen entgegenschreien kann.

Kurz und gut: Nicht Gott braucht mein Gebet, sondern ich brauche es. Was wäre das für ein Gott, der darauf wartet, dass ich zu ihm rufe oder schreie? Und doch stimmt es so nicht ganz: Weil Gott mich liebt, weil er mir gut will, weil er weiß, dass mir das Gebet eigentlich guttut, will er eigentlich schon, dass wir beten. Nicht um ihm gutzutun, sondern weil es mir guttut.

Im Gebet stelle ich mich mir selbst und meiner Situation. Ich nenne meine Not beim Namen, ich gebe ihr einen Ausdruck, ich nehme mich selbst als „erlösungsbedürftig" wahr. Ich gebe zu, dass ich Hilfe brauche, dass ich alleine an meine Grenzen komme, dass ich mit meinem Latein am Ende bin. Im Gebet kann ich meine Bürde einem mitteilen, der mir gut will. Und das ent-lastet im wahrsten Sinne des Wortes. Gott geht mit, Gott trägt mit. Wenn vielleicht auch auf eine Weise, die ich nicht erkenne, nicht verstehe …

Ein solches Wissen kann mich wiederum verändern. Ich fühle mich getragen und gehalten – und damit wird vielleicht auch wieder anderes für mich möglich. Ich kann anders hinstehen, in mir kann anderes wachsen und werden. Ich lebe aus einer Zuversicht. Und das ist kein positives Denken, wie es Dale Carnegie und Co. verkünden, sondern das ist eine Zuversicht, die durch alle Dunkelheiten hindurchgegangen ist, das ist ein Vertrauen, das keine Beweise hat – aber sie auch nicht braucht.

Und das mag mich neu handlungsfähig machen. Eine solche Zuversicht, eine solche Ent-lastung kann mich entgrenzen, kann mir neue Perspektiven geben, Hoffnung schenken. Ich traue mich wieder, etwas zu tun. Es holt mich aus meiner passiven Rolle heraus – und lässt mich neu handeln. Darum geht es beim Beten: Nicht Gott soll meine Wünsche erfüllen, sondern ich soll wieder handeln können.

Wenn wir Beten so verstehen, dass Gott uns unser Handeln abnimmt, dass er einfach unsere Wünsche erfüllt, werden wir zwangsläufig enttäuscht werden.

Beten heißt allerdings auch nicht, dass Gott gar nicht handelt. Möglicherweise aber kann sein Handeln ganz anders sein, als wir es erwarten.

Unsere Worte beim Beten können ganz einfach sein, voll Vertrauen, voll Liebe, im Wissen darum, dass Gott Gott ist und bleibt – und all das, was wir in Sprache bringen, menschlich ist. Dann ist Beten eigentlich ganz einfach …

INHALT

1
Gott hier bin ich
am Morgen, am Abend, in der Nacht   *12*

2
Ich sterbe mich dem Frühling entgegen
klagen und hoffen   *25*

3
Ich singe das Lied des Lebens
loben, danken, tanzen   *44*

4
Der uns behütet schläft nicht
um Segen bitten   *62*

5
Den Weg im Herzen tragen
unterwegs mit Gott   *74*

6
Höre du Gott
beten mit der Bibel   *101*

7
Du kommst in mein Leben herein
von Advent bis Andreas   *131*

8
Heiliger Raum, heilige Zeit
Gottesdienst mitfeiern   *169*

Quellen   *190*

1 | GOTT HIER BIN ICH

am Morgen, am Abend, in der Nacht

Es ist wichtig, jeden Tag
eine halbe Stunde auf Gott zu hören –
es sei denn, du hast besonders viel zu tun –
dann ist eine Stunde notwendig.
Franz von Sales

AM MORGEN

Gott
der Herausforderung
und Geborgenheit ist

möge uns
auf unserem Weg
begleiten

er fordere uns heraus
wo wir geborgen sind
und

er berge uns
mitten in der
Herausforderung

so segne uns
Gott
und diesen Tag

> Achtet also sorgfältig darauf,
> wie ihr euer Leben führt,
> nicht töricht, sondern klug.
> Nutzt die Zeit,
> denn diese Tage sind böse.
> Epheser 5,15–16

MEINE ZEIT IN DEINEN HÄNDEN

Herr
ein neuer Tag liegt vor uns
Geschenk des Lebens
Geschenk deiner Liebe
er ist nicht selbstverständlich
dieser neue Tag

Pläne und Hoffnungen
Angst und Mutlosigkeit
Termine und Begegnungen
Enttäuschungen und Zuversicht
was wird dieser Tag für uns sein?

du rufst uns heraus
aus dem Dunkel der Nacht
du öffnest die Zeit
vertraust uns Minuten
Stunden an

hilf uns
dass wir behutsam und liebevoll
sorgsam und behütend
mit dieser Zeit umgehen
keine Stunde kehrt zurück

lass uns die Zeit nutzen
aber uns nicht von ihr gefangen nehmen
lass uns die Zeit verschenken
aber nicht verschleudern
lass uns die Zeit genießen
uns aber nicht in ihr verlieren

gib unseren Stunden und Minuten
dein Gesicht
hinterlasse deine Spuren
kerbe dich ein
begleite uns an diesem Tag

zeichne dich ein
in unser Mühen
unsere Freude
sprich dein gutes Wort
über Angst und Vertrauen

sei du der Herr
unserer Stunden und Minuten
segne unser Lassen und Tun
segne du
unsere Zeit

MORGENLOB

Den Tag
beginnen
mit dem Lob
deines Namens

den Morgen
atmen
und
mich neu verlieben

in das Geschenk
dieses Tages
mich neu verlieren
in dir

mich finden
auf der Suche
und Frieden
zieht ein

mein Tag
ist dein
nichts wird geschehen
was du nicht willst

ich bin
dein
sei du
mit mir

> In den Nächten deine Treue
> am Morgen deine Huld
> Psalm 92

DANKBAR

am neuen Morgen

ziehenden Wolken nachschauen
und dem Flug der Stare
die Kirchturmuhr schlagen hören
und Türeklappern im Haus
den Hagebuttenzweig
zart berühren
und dem wilden Wein
Guten Morgen sagen
die Wärme des Holzes spüren
und die Sanftheit des Wassers

und ich spüre
staune
bin

und
traue deiner Treue
wenn mich
Dunkelheit umfängt

AM ABEND

Gott
hier bin ich
aber meine Gedanken sind noch
bei mir und
bei diesem Tag

hier bin ich Gott
und ich möchte so gerne ruhig werden
aber noch ist Unruhe in mir

hier bin ich Gott
und möchte gerne beten
aber ich finde keine Worte

hier bin ich Gott
und möchte auf dich hören
aber in mir ist so viel Lärm

Gott
hier bin ich
mit meinem Leben
mit meinem Tag
mit der Unruhe in mir
mit meiner Sprachlosigkeit
mit dem Lärm in mir
der die Ohren taub macht

du nimmst mich an
so wie ich bin

hier bin ich Gott

> Ich geschehe als der ich geschehen werde.
> Exodus 3,14 (Übersetzung Reinhold Mayer)

FRAGE AM ABEND

Gott
wo bist du heute Abend?

Ich schreie zu dir
aber du gibst keine Antwort
ich will dich fassen
doch du entziehst dich mir
ich habe keine Kraft mehr
suche die bergende Hand
die schützende Schulter
doch du verweigerst dich

warum, Gott?

was ist der Sinn
der mir verborgen bleibt
und muss das denn jetzt wirklich
auch noch sein
hab ich nicht schon genug am Hals

ich kann nicht mehr
ich bin am Ende

verlass du mich jetzt nicht auch noch

> Ich werde für Israel dasein wie der Tau,
> damit es aufblüht wie eine Lilie
> und Wurzeln schlägt wie der Libanon.
> Hosea 14,6

UND BEFEUCHTE
WAS VERDORRT

in den dunklen Stunden der Nacht
wenn man nicht mehr weiterweiß
wenn man nicht mehr weiterwill

wenn man sich ängstigt
vor der Hitze des Tages
dem gleißenden Licht
der unbarmherzigen Sonne

dem neuen Tag

in den dunklen Stunden
der Nacht
schenkt sich mir
das Leben

benetzt mich und
nährt mich
umkost mich und
liebt mich

dem neuen Tag entgegen

damit ich
dem Himmel entgegenblühe
wenn ich
in der Erde wurzle

MEIN GOTT DES ALLTAGS

Du bist bei mir
alle Tage
alltags
du bist mein Gott des Alltags

dann darf ich dir
bitte schön
auch meinen Ärger
über die hohe Reparaturrechnung
die Freude über den Fischreiher
meine Einsamkeit heute Abend
und den zerrissenen Schuhbändel
übergeben

und jetzt beschwer dich nicht
so
sieht mein Alltag aus

MEINE TAGE

Gott
du hast Zeit
und Raum geschaffen
stellst uns Menschen in diese Welt

jeder Morgen von dir geschenkt
vor uns ein neuer Tag
voll Bangen und Lust
Grenze und Möglichkeit

lass mich jeden Tag neu
in seiner Einmaligkeit erleben
achtsam sorgsam
für das Kleine sein

jeder Abend geschenkter Tag
vor uns die Nacht
lassen und spüren
sich ängstigen und ausruhen

lass mich jeden Abend neu
die Endlichkeit erahnen
mein Tun und Sein in deine Hände geben
lös mich aus meinen Verstrickungen

lass mich wachsam sein
für die Einmaligkeit meiner Tage
lehre mich jeden Tag zu zählen
lehre mich die Kostbarkeit

meines Lebens

2 | ICH STERBE MICH DEM FRÜHLING ENTGEGEN

klagen und hoffen

GOTT

ich war einsam
und du hast mir
meine Einsamkeit
nicht genommen

ich war verzweifelt
und du hast mir
meine Verzweiflung
gelassen

ich habe nicht mehr
weitergewusst
und du hast mir
keinen Weg aufgezeigt

ich habe an dir
gezweifelt
und du hast
mich zweifeln lassen

ich habe zu dir
geschrieen
und du hast
keine Antwort gegeben

mitten im Dunkel
warst du bei mir
und hast mich
ausgehalten

mitten im Dunkel
hast du mich berührt

und ich habe mich
berühren lassen

DU

wenn meine Sprache
wortlos wird

und die Bilder
in mir verblassen

wenn mich der Mut
verlässt

und die Kraft
verbraucht ist

wenn mich
das Dunkel überfällt

und ich nur noch
Sehnsucht bin

bleibt

der Schrei

nach Leben

DUNKLES GEBET

ich schreie
und du kommst nicht

ich weine
und du tröstest mich nicht

ich bettle
und du hörst mich nicht

von Gott
verlassen

aber

immer
noch

du
sagen

ES IST NUR TRAURIG

müssen 65 Jahre Beziehung
zwischen zwei Menschen
wirklich so enden?

einer im Pflegeheim
einer zu Haus

der im Pflegeheim
kann nicht nach Hause

der zu Hause kann nicht
ins Pflegeheim

und der eine fragt
wo seid ihr denn

ich habe nach euch gerufen
und niemand kam

und die andere weint
weil sie es nicht will

und doch nicht
anders kann

jede Entscheidung für
entscheidet auch gegen

und jede Entscheidung gegen
entscheidet für

Gott
du mein Gott

ich gebe es dir
weil ich

nicht mehr
weiterweiß

ES TUT SO UNSAGBAR WEH

dich in deiner
hilflosigkeit zu sehen
und machtlos
zu sein

deine ängste zu spüren
und die beruhigenden worte
reichen nur
für eine halbe stunde

das was du sagen willst
nicht mehr zu verstehen
und dabei kostet es dich
so viel kraft

dich in deinem sterben
auszuhalten
und nicht davor
zu flüchten

mit dir
an grenzen kommen

und dich dem geben
der über grenzen geht

OSTERN 2004

der schnitter tod
ist über die felder gegangen
und hat sich das leben geholt

und das leben
ist in den boden gefallen
und vergeht

und schlägt wurzeln
und treibt blüten
und trägt blätter

und bringt
frucht
und bleibt

jetzt
und in
ewigkeit

amen

IM TOD
DAS LEBEN

und mitten
in all dies Dunkel
ein Licht
ein Ja
ein Du
einer
der sich hingibt
für mich
einer
der sich hergibt
für mich

in das Dunkel
ein Licht
in die Sprachlosigkeit
ein Wort
in die Hoffnungslosigkeit
ein Traum
in die Angst
eine Vergewisserung
in die Grübeleien
die Zusage
in die Verzweiflung
die Gewissheit

im Tod
das Leben

> Du sammelst meine Tränen in deinem Krug.
> Psalm 56,9

AUFGEHOBEN

keine Träne
umsonst
geweint

keine Klage
umsonst
geschrieen

kein Dunkel
umsonst
durchlebt

du bewahrst

meine Tränen
mein Klagen
mein Dunkel

bei dir
bin ich
aufgehoben

Tröster
Retter
Morgenstern

         Ich dachte immer Tod sei Ende
            und das ist er sicher auch
            und doch ist Tod das Leben

                wenn auch ganz anders
                           als es war

ABSCHIED

wir sagen danke für dich
und geben dich in die besten Hände
die wir uns denken können
in die Hände unseres Gottes

und wir geben uns
in die Hände unseres Gottes
möge er unsere Wunden heilen
uns in unserer Trauer trösten

möge er der Gott sein
für uns Lebende
und für unsere Toten

AUFERSTANDEN

durch das Dunkel
meiner Trauer

durch die Wunden
der Verlassenheit

durch das Sterben
meiner Hoffnungen

der nächste Schritt

leben

> Es knospt unter den Blättern.
> Das nennen sie Herbst.
> Hilde Domin

SELTEN
KLAR

einmal wird
der vorhang fallen

einmal wird
das letzte mal sein

einmal wird
es kein morgen geben

so
wie es mal war

und es begann
gestern

und will mich
heute

und wird vielleicht
noch morgen sein

aber
es wird enden

und macht
das jetzt kostbar

und

ich sterbe
in den anfang hinein

lebe mich
dem abschied entgegen

und ich
lerne

jeden tag
neu sterben

und jeden tag
neu anfangen

und sterbe mich
dem frühling entgegen

MISTY CLIFFS

es gibt
eine welt
hinter der welt

du musst nur
durch
die nebel hindurch

die zweifel
die angst
das festhalten

dein fragen
dein sorgen
deine wichtigkeiten

der weg
in die andere welt
geht immer durch die nebel hindurch

und erst dann
wirst du erkennen
was wirklich zählt

übrigens:

das passwort
für den fährmann
heißt:

liebe

GOTT HOLT HEIM

Die Fesseln von Raum und Zeit werden durchbrochen.
Gott holt heim.
Alles, was schwer und mühsam war, bleibt zurück.
Die Grenze ist überschritten.
Ein neues Land – und doch irgendwie
altbekannt und vertraut.

Heimkommen

GRUND ZUR HOFFNUNG

Ich habe
Grund zur Hoffnung

auch
wenn mir das Wasser
bis zum Halse steht

Ich habe Grund

~

Jedes Leben
das den Tod durchbricht

bist du
mein Gott

du bist das Versprechen
das im Unendlichen
keine Grenzen hat

GEWISSE HOFFNUNG

einmal
wird all das
von mir abfallen
was mich bindet
fesselt
was mir
die wahrheit
verhüllt

einmal
werde ich
verstanden werden
und
verstehen

3 | ICH SINGE DAS LIED DES LEBENS

loben, danken, tanzen

DIE KRAFT
WÄCHST MIT DEM WEG

wenn du
Gott vertraust
seiner Zusage
glaubst
den nächsten Schritt
wagst

ohne zu ahnen
wohin der Weg führt
ohne zu wissen
wie das Ziel heißt
nur von Hoffnung
und Sehnsucht getrieben

dann wirst du
achtsam bleiben
wach mit allen Sinnen
suchen und sein
und dankbar für Zeichen und Worte
und staunen darüber

wie sich
Schritt für Schritt
ein Weg ergibt
sich das Ahnen verdichtet
der Boden trägt
und zum Quellgrund wird

SINGT DAS LIED DER ERLÖSUNG

Gott – du Melodie meines Lebens
du Klang und Musik –
sanft und zart
kraftvoll und stark –
geheimnisvoll mich liebkosend
berührend umfassend
oft so fern – und dann wieder
in mir – Gott

Öffne meine Ohren –
damit ich deinen Klang höre
streichle meine Haut –
damit ich deine Berührung spüre
nimm mich in den Arm –
damit mein Herz Ruhe findet in dir
damit mein Körper Antwort ist
meine Lippen Worte formen
stammelnde Töne aus meiner Kehle kommen

geborgen in dir du mein Gott
kann ich zur Antwort werden

und zögernd erklingt mein Lied
in der Welt für dich
und die Menschen
du birgst mich Gott
und ich lasse mich bergen
ich höre und bin Antwort
du spielst und ich bin Klang

und singe das Lied des Lebens

ICH LOBE DICH, HERR
ICH WILL DICH LOBEN

groß bist du
und groß sind deine Werke
ich bin voll Staunen und Dankbarkeit

der Mond steht rot am Himmel
und jeder Stern weiß um seinen Ort und seine Zeit
Raureif überzieht kahle Äste
und Krokusse wachsen im Dunklen
am Morgen schon tschilpen die Spatzen
und die Amsel raschelt im Busch
unverhofft lacht mich ein Mensch an
und der Säugling gähnt und blinzelt

ich lobe dich, Herr
ich will dich loben

und doch fehlen mir die Worte
fehlt Achtsamkeit und
Raum und Zeit
ich bin unruhig und müde
erschöpft und in meine Arbeit verstrickt

ich lobe dich, Herr
ich will dich loben

mit meinem Schweigen
meiner Müdigkeit
meiner Erschöpfung
meiner Unruhe
meiner Angst und Traurigkeit

mit meiner Arbeit
und mit meinen Gedanken

lobe ich dich
Herr

und ich weiß
du kennst mich

du kennst mein Schweigen und mein Stammeln
meine Unachtsamkeit und meine Müdigkeit
meine Angst und meine Halbherzigkeit

höre nicht auf das Lob
das ich nicht spreche
sondern höre auf das Lob
das ich bin

> Du hast mein Klagen in Tanzen verwandelt.
> Psalm 30,12

ICH BIN DEIN

Du hast mich heraufgeholt
aus dunkler Tiefe
bist mir nachgegangen
als ich mich verloren hatte
hast meine Tränen gesehen
mein Klagen gehört

Du warst bei mir in meiner Not
hast meine Grenzen übersprungen
mich bei meinem Namen gerufen
mit deiner Hand gehalten
führtest mich neue Wege
schenktest mir das Land

Du hast mir Raum geschenkt
als mir angst war
du erhörtest mein Flehen
bargst mich unter deinen Flügeln
trocknetest meine Tränen
verbandest meine Wunden

dich will ich rühmen
dich will ich preisen
ich singe dein Lob
ich sage dir Dank
dir spiele ich
und tanze vor dir

du Huld
und Hort

du Licht
und Trost

du Glanz
und Kraft

dir
singt mein Herz
und will nicht verstummen

Es ist eine Kraft im Geist, die ist allein frei. Bisweilen habe ich gesagt, es ist ein Fünklein. Nun aber sage ich: Es ist weder dies noch das. Dennoch ist es ein Etwas. Es ist von allen Namen frei und aller Formen bloß, ledig und frei, wie Gott ledig und frei ist in sich selbst. Es ist so völlig eins und einfaltig, wie Gott eins und einfaltig ist. In dieser Kraft blüht und grünt Gott mit seiner ganzen Gottheit.
Meister Eckhart

TE DEUM LAUDAMUS

Dich Gott loben wir
dich Gott preisen wir
dir Gott danken wir

deine Macht
deine Kraft
deine Stärke
dein Licht
deine Liebe
dein Geist

von dir beschenkt
erfüllt uns die Liebe
treibt uns die Kraft
erhellt uns das Licht
stärkt uns die Hoffnung
bewegt uns dein Geist

in dir blühen und wachsen wir
kraftvoll und zart
in dir tragen wir Frucht
und werden wir

du bist wie die Erde
die uns trägt
du bist die Quelle
die uns fruchtbar werden lässt
du bist der Wind
der uns das Leben schenkt

te deum
laudamus
dich loben wir
o Gott

> Kommt, fallet nieder
> und betet ihn an!
> Beuget die Knie vor JHWH,
> der uns schuf!
> Psalm 95,6

ICH PREISE DEN HERRN

Groß bist du, o mein Gott!
Wunderbar sind deine Werke
mächtig ist dein Tun
und ich werde des Staunens nicht müde

Sonne und Mond kennen ihren Weg
das Weizenkorn weiß um seine Gestalt
der Bach nimmt seinen Lauf
die Wolken ziehen dahin

Menschen lachen und weinen
tun und lassen
reden und hören
leben und sterben

ich bin lebendig
ich höre und schweige
ich berühre und werde berührt
ich sehe und staune und schmecke und liebe

du schenkst dich und traust mir
du lädst ein und gibst dich
bleibst Frage und Antwort
bist Zumutung und Herausforderung

in meinem Staunen
werde ich aufmerksam
vor deiner Größe
kann ich die Knie beugen

dir
kann ich mich hingeben
vor dir
kann ich niederfallen

du
bist
mein
Gott

Manchmal
habe ich das Gefühl

auch du
Gott
brauchst ab und zu
einen Menschen
der dir sagt

Du, ich brauch dich

EINLADUNG

Deine Flügel umarmen mich
dein Klang umhüllt mich
dein Tanz lädt mich ein

ich gebe mich dir
stelle mich in den Rhythmus
wiege mich in der Bewegung

traue der Zusage
lass mich beflügeln
folge dir nach

tanze den Traum
glaube der Leichtigkeit
wage die Schritte

lasse alle Schwere los
gebe mich hin
werde ganz leicht

ich summe und singe
und tanze und pfeife
und lache und freu mich

und reihe mich ein
in den Chor derer
die Lebenslust sind

Ein Danklied sei dem Herrn
für alle seine Gnade;
er waltet nah und fern,
kennt alle unsre Pfade.
Ganz ohne Maß ist seine Huld
und allbarmherzige Geduld.
Gib dich in seine Hand
mit innigem Vertrauen;
sollst statt auf eitel Sand
auf echten Felsen bauen,
dich geben ganz in Gottes Hut,
und sei gewiss, er meint es gut.
Guido Maria Dreves

All meine Quellen entspringen in dir.
Psalm 87,7

UND ICH WERDE
BEIM REIGENTANZ SINGEN

Meine Kraft
bist du
meine Liebe
mein Weg

mein Lied
bist du
meine Hoffnung
mein Licht

mein Traum
bist du
meine Stärke
mein Schild

mein Brunnen
bist du
meine Quelle
mein Fluss

du tränkst mich
du hütest mich
du stillst mich

du birgst mich
du forderst mich
du traust mir

du glaubst an mich
du lässt mich nicht
du bist mein Gott

aus dir
lebe ich

DICH LIEBEND UND VON DIR GELIEBT

Ich spür mich
ich atme
ich lebe
ich bin

in mir pulst es
rast es
jagt es
tobt es

ich trau mich
stell mich
lass mich
geb mich

von dir bewegt
von dir berührt
von dir erfüllt
von dir geliebt

und in mir sprosst das Grün in tausend Variationen
erfinden sich alle Farben neu
Früchte denken sich aus
und in mir wächst das Leben

ich bin Blüte und Duft
Knospe und Frucht
und Blatt und Stamm
und Wurzel und Halm

dich
liebend
und von dir
geliebt

spür ich mich
kraftvoll
bedenkenlos
lebendig

4 | DER UNS BEHÜTET SCHLÄFT NICHT

um Segen bitten

SAG UNS GUTES ZU

Segne du uns, Gott,
damit wir Mensch sein und werden können

segne du uns, Herr,
damit wir frei werden von all dem,
was uns beherrscht

segne du uns, Vater,
damit wir uns von dir herausfordern lassen

segne du uns, Mutter,
damit wir uns in deinen Schutz stellen können

segne du uns, Freund,
damit wir uns riskieren können
und vertrauen lernen

segne du uns, Geliebter,
damit wir sehnsüchtig bleiben
und die Liebe leben

DER UNS BEHÜTET
SCHLÄFT NICHT

Getrost
und getröstet
können wir gehen
wir sind nicht allein
getrost
und getröstet
können wir das Leben wagen
da ist einer
der mit uns ist
getrost
und getröstet
können wir uns
auf den Weg machen
da ist einer
der für uns ist

da ist einer
der uns beschützt
der seine bergende Hand
über uns hält
über dich und mich
und uns und diese Stadt
unser Land und unsere Welt

der uns behütet
schläft nicht
er nimmt uns in seine Obhut
in ihm
können wir getrost sein

er
der uns Vater und Mutter ist
Frieden und Gerechtigkeit
Hoffnung und Grund
der uns kennt und liebt
und will und mag

der
schläft nicht

der
schaut nach uns
der
gibt auf uns acht
der
geht uns nach
der
lässt uns nicht los

der uns behütet
schläft nicht

deshalb
vertrau ich mich
ihm an
deshalb
verlass ich mich
auf ihn

der uns behütet
schläft nicht

der uns behütet
will unsere Lebendigkeit
der uns behütet
will unsere Freiheit
der uns behütet
will unser Wachsen

der uns behütet
schläft nicht
aber er macht es uns
nicht nur nett
der will was
für uns
der will was
von uns

der uns behütet
der fordert uns
der uns behütet
will mich

der will was
von mir
und der will was
von dir

er ist Wort
und will Antwort

weil er
mich hält und trägt
weil er mit mir ist
bin ich getragen
und getröstet

und kann ich
Antwort geben

kann tragen
und trösten

und kann gehen
in seinem Namen
getragen und getröstet
und tragen
und trösten

behütet von dem
der für das Leben ist
kann ich gehen
für das Leben

behütet und getröstet
von dem
der das Leben will
lasst uns aufbrechen und gehen
dem Leben entgegen

weil wir das Leben mit uns tragen
lasst uns das Leben
zu den Menschen bringen
getragen und getröstet von dem
der das Leben ist

DU GOTT DES WEGES SEGNE UNS

sei du der Traum
der Sehnsucht zeugt
sei du die Kraft
die die Entscheidung trifft
sei du das Vertrauen
das sich stellt

segne den Aufbruch

behüte was ich zurücklasse
schütze das Neue das ich wage
begleite mich beim ersten Schritt

segne den Weg

gib meinen Füßen Halt
sei mir Grund
stärke Geist und Leib

segne das Ankommen

sei du mein Ziel
richte meine Schritte auf dich hin aus
schenk mir den Mut zur Heimkehr in dir

Du Gott des Weges segne uns

umgib uns mit deinem Segen
damit wir uns auf den Weg machen können
auf den Weg
zu dir und den Menschen

DUNKLER SEGEN

Segne auch du uns
dunkler Gott
du
der sich geheimnisvoll
unserem Begreifen entzieht
der sein Antlitz vor uns verbirgt
unser Fragen mit Schweigen beantwortet

segne auch du uns
dunkler Gott
du
der du uns Zumutung und
Herausforderung bist
dessen Tun unergründlich bleibt
dessen Handeln sich unserem Denken entzieht

segne auch du uns
dunkler Gott
du
der sich abwendet von uns
der uns alleine lässt
der uns leiden lässt
der uns verwirrt und beunruhigt

segne uns
du dunkler Gott
du abwesender
schweigender
unfassbarer
harter
namenloser

segne du uns
dunkler Gott
damit wir den Mut haben
das Dunkel in uns wahrzunehmen
dem eigenen Abgrund zu trauen
der Nacht zu glauben
uns auf den Grund zu gehen

segne uns
dunkler Gott
indem du Einsamkeiten nicht nimmst
Sicherheiten erschütterst
Hoffnungen nicht erfüllst
Pläne durchkreuzt
Sehnsucht nicht stillst

segne uns
dunkler Gott
indem du unsere Träume verjagst
unsere Bilder zerreißt
Geborgenheiten entlarvst
Erwartungen zerstörst
zum Aufbruch zwingst

segne uns
du dunkler Gott
segne den Aufbruch
segne den Weg

und bleibe
dunkler treuer
Wegbegleiter

MÖGE DIE LIEBE STARK SEIN UND WACHSEN

Gott
gib mir den Mut
die Hoffnung
die Kraft

in eine Welt der Gleichgültigkeit
der Verantwortungslosigkeit
der Trägheit
und der Unachtsamkeit

Liebe zu säen
Empfindsamkeit zu pflanzen
Zartheit zu behüten
Verstehen zu hegen

Brachliegendes zu bestellen
Darbendes zu bewässern
Überwucherndes zu beschneiden
Knospendes zu schützen

mache mich frei
von Hass und Gewalt
schenke mir Demut und Ehrfurcht
vor dem Leben

segne den Boden
segne die Saat
segne die Frucht
segne mein Tun

SEGNE UNS, GOTT

Gott

lege deinen Segen

auf mein Tun
und
auf mein Lassen

damit mein Tun
damit mein Lassen

zum Segen wird

für alle Geschöpfe
dieser Welt

zum Lob des Schöpfers

Amen

5 | DEN WEG IM HERZEN TRAGEN

unterwegs mit Gott

GOTT IST GANZ ANDERS

Vergiss
alle Eigenschaftswörter

verbrenn
alle Bilder

schreib ihn
nicht fest

trau
keinem Namen

feilsche
nicht

rechne nicht
mit dem Berechenbaren

nimm Abschied von deinen Erwartungen
und lass dich überraschen

Gott ist
ganz anders

aber er sucht dich
wenn du dich finden lässt

er findet dich
wenn du ihn suchst

DEIN

du bist der Friede
du bist die Treue
du bist die Gerechtigkeit

du
bist
die Liebe

und ich halte
zitternd still
wenn du mich

schmückst

DU BIST EIN GOTT DER LEBENDEN

Ich wohne
im Land des Habens
im Land der Blindheit
im Land des Egoismus
im Land des Hasses
im Land der Unfreiheit
im Land des Todes

auf dein Wort hin
will ich
den Aufbruch wagen
und in das Land ziehen
das du mir verheißen hast

Land des Lebens
will ich es nennen

ÜBERGANG

die Auseinandersetzung
nicht scheuen
ihn
mit meinen Fragen
festhalten

mich lebendig riskieren
der Kraft vertrauen
seiner Verheißung glauben

mir
das Zeichen
als Erinnerung holen

und
den Segen
zum Aufbruch

Du, den meine Seele liebt, sag mir:
Wo weidest du die Herde?
Wo lagerst du am Mittag?
Folge den Spuren der Schafe,
weide deine Zicklein dort,
wo die Hirten lagern.
Hoheslied 1,7–8

ABSCHIED GENOMMEN
AUFGEBROCHEN

sehnsüchtig geworden
und du bist mein Suchen

losgegangen
und du bist der Weg

dich hereingelassen
und du bist Nähe

hingegeben
und du bist Erfüllung

ich gehe dir nach
folge der Liebe

ich suche den Traum
glaube an die Erfüllung

ich lass mich erschüttern
und hoffe auf Zukunft

sag
wo weidest du deine Herde

zu dir
will ich kommen

bei dir
will ich

sein

> Brich auf und
> zieh in das Land,
> das ich dir zeigen werde!
> Genesis 12,1

UND GANZ LEISE
AUFGEBROCHEN

ein leises
Raunen
kaum vernehmbar

ein Wort
ein Bild
ein Klang

fast schon vorbei
und doch
berührt

und aufgemerkt
und
hingehorcht

und …

unruhig geworden
und tastend suchen
und erwachende Sehnsucht

und …

wachsende Gewissheit
und ganz viel Angst
und fragendes Verstummen

und plötzlich ganz viel Sehnsucht
und Staunen und Neugier
und Lust und Traum

und Trauer
und Abschied
und Ungeborgenheit

und
ganz einfach
Vertrauen

ich bin bereit
bin ausgezogen
sitze auf gepacktem Gepäck

ich
bin
aufgebrochen

jetzt
zeig
mir

wohin
ich
gehen soll

> Nicht ihr habt mich erwählt,
> sondern ich habe euch erwählt.
> Johannes 15,16

RICHTIGSTELLUNG

damit ich nicht
in irgendwelchen
Sackgassen stecken bleibe

mich nicht
in irgendwelchen
Labyrinthen verirre

nicht der Maßlosigkeit
des Glaubens
an mich selbst verfalle

mich nicht täusche
über Ursache und Wirkung
und Leistung und Machbarkeit

stellst du klar
fast beiläufig nebenbei
und doch ganz einfach souverän

wer hier
bei uns beiden
das Sagen hat

vor meiner Entscheidung
war schon
deine Entscheidung

vor meiner Antwort
war schon
dein Wort

vor meinem Schritt
warst du schon
der Grund

ich bin
weil du
bist

und du rufst
und lockst
und willst mich

und ich
gebe mich
dir

> Wohl den Menschen,
> die Pilgerwege in ihrem Herzen tragen
> Psalm 84,6 (Übersetzung Erich Zenger)

Einen Augenblick lang erahnt
was Ewigkeit ist
einen Augenblick lang gespürt
was Erfüllung ist
einen Augenblick lang gefühlt
wie Gott liebt

und vorbei

und doch
gewesen
und Sehnsucht nistet sich ein
macht mich unruhig
macht mich sehnen
lässt mich suchen
macht mich schreien vor Schmerz

und so breche ich auf
und lasse mich aufbrechen
und lasse schmerzhaft los
und verlass mich
auf sein Wort
und gehe los

breche auf in mir
breche auf zu mir

gehe los
um mich zu finden

AUFGEBROCHEN

Wenn das Fest
nur noch Erinnerung ist
Träume
die Gegenwart verraten
und
Gott sein Gesicht
verliert

wird Wüste zum Weg
der Weg zur Heimat
Heimat zum Aufbruch

ist
Gott
dabei

BILDERSTURM

dich
den ganz Anderen
sein lassen

und mich
vor meiner Angst
nicht fürchten

TRAUEN

Ich traue

meiner Sehnsucht
dem Hunger
der Liebe
den Träumen

meiner Einsamkeit
den Gefühlen
dem Dunkel
dem Licht

meinen Tränen
dem Lachen
der Wut
der Ohnmacht

meinen Fragen
den Zweifeln
den Hoffnungen
der Lust

meinem Suchen
der Verzweiflung
der Hoffnungslosigkeit
dem Anfang

ich traue
dem Leben

Gott

> Zeige mir deinen Weg!
> Ich will ihn gehen in Treue zu dir.
> Psalm 86,11

GEHORSAM

deinen Weg
gehen

nicht meinen
nicht den anderer

sondern
deinen Weg

den Weg
der zum Leben führt

ich weiß nicht
wie der nächste Schritt heißt

du musst mir helfen
zu dir rufe ich

dir gebe ich mich
du bist mein Grund

nun zeig mir bitte auch
wo es hingeht

> Ich nehme das Herz aus Stein aus eurer Brust
> und schenke euch ein Herz, das fühlt.
> Ezechiel 36,26b

SCHMERZHAFTE BERÜHRUNG

dich
mit meinen Grenzen
meinen Schmerzen konfrontieren

dir
meine Ängste
nicht vorenthalten

meine Überforderung
vor dich
bringen

dich fragen
warum
wozu

und
unter Tränen stammeln

ich gehe mit

> Einem jeden teilt der Geist
> seine besondere Gabe zu.
> 1 Korinther 12,4–11

ALS MITARBEITER UNGEEIGNET

in mir ist nicht so viel weisheit
dass ich sie mit anderen teilen könnte
und wie soll ich erkenntnisse vermitteln
die ich selbst nicht habe
mein glauben ist nur sehr klein
und hat wenig kraft
und krankheiten heilen
kann ich auch nicht
wunderkräfte kann ich keinem geben
ich bin eher urlaubsreif
im reden bin ich auch nicht so gut
von prophetisch ganz zu schweigen
woher soll ich wissen
wie man geister unterscheidet
und was eigentlich zungenrede
so ganz genau ist
hab ich auch noch nicht kapiert
wie will ich sie dann deuten

fehlanzeige
gott
das was du willst
kann ich dir nicht geben
das was du brauchst
habe ich nicht
als mitarbeiter ungeeignet

und er sagte:
was hast du
geh und sieh nach

und ich sah nach und sagte zögernd
ich kann querflöte spielen
und die menschen froh machen
und wenn ich keine worte habe
sehe ich farben vor mir
manchmal steckt meine fröhlichkeit an
zu einem kleinen lächeln
ich kann mich zu einem kind hinunterbeugen
und mit ihm spielen
und gelegentlich coole jugendliche
für eine idee interessieren
ich kann gut zu einem sagen
du gehörst zu uns
und ihm das gefühl von heimat geben
und ich meine es auch so
ich glaube ich kann nähe schaffen
beziehung leben
und begeistern
ich kann menschen wahrnehmen
und die welt in der sie leben
und versuche zu dolmetschen
damit die einen die andern verstehen
ich habe immer noch eine idee mehr
als die realität zulässt
und bin bereit
mich ganz zu geben
ich schwebe nicht in höheren sphären
sondern stehe manchmal im tiefsten dreck
dem boden mehr verbunden als dem himmel

ich tauge mehr zum stall ausmisten
als für feine konversation
manchmal kann ich fünf dinge zugleich tun
und verliere doch nicht den überblick
sondern singe dabei noch ein lied
ich könnte dir mein temperament geben
aber manche mögen das nicht
da erschrecken sie
und manchmal kann ich ruhe
und gelassenheit bieten
das hilft bei kindern
die in der schule schwach sind

eigentlich sind das alles keine großen sachen
die ich dir geben kann
nichts von prophet und weisheit und zungenreden

aber ich gebe es dir
in all meiner treue
in all meinem glauben
mit all meiner liebe
für dich und die menschen

und er nahm mein lied
er nahm meine idee
und er nahm meine nähe zu einem menschen
und er nahm meine hoffnung
und meine kreativität
und er nahm meine treue

und wandelte sie
und es blieben
zwölf körbe voll übrig

MANCHMAL UNSAGBAR EINSAM

mitten in allem umtrieb
ein moment der leere
des verlorenseins
grau in grau
diffus
nicht greifbar

eine ungewisse angst
ein nichtkönnen
und keine lust mehr haben

letzte disziplinierungsversuche
vergebens
kämpfen zwecklos

gegen wen
und
gegen was

sich
hineingeben
loslassen

und fallen
unendlich
tief fallen

und
in deiner hand
geborgen sein

> Unser Lager ist frisches Grün, Zedern sind das
> Gebälk unseres Hauses, Zypressen unsere Wände.
> Hoheslied 1,16–17

VON UNS GETRÄUMT

ich möchte
mit dir
von dir
durch dich

Schöpfung sein
inmitten der Schöpfung
Begegnung sein
inmitten der Begegnung

nicht Haus
noch Heim
nicht Schutz
noch Schild

vorläufig
ungeborgen
verletzbar
empfindsam

bergend
schützend
trauend
träumend

lass mich
dich lieben
im Unterwegssein

> Die Fahrenden Gottes
> müssen überall zu Hause sein, wo Gott ist,
> und dort mehr zu Hause sein, wo Gott mehr ist.
> Das bedeutet – so einfach es sich dahin schreibt –
> viel Not, viel wundes Herz, viel Ehrlichkeit.
> Alfred Delp

FAHRENDES VOLK

wo bist du
Gott
und wo bist du
mehr?

ich streife umher
folge der Sehnsucht
lasse alles
und suche dich

Ungestilltes schmerzt
Ahnen lockt
Sehnen raunt
Enges träumt

ich zweifle
frage zögere
verdränge
ängstige mich

verletze mich
enttäusche mich
verliere mich
lasse mich

und doch

bleibe ich suchend
traue ich hoffend
frage ich glaubend
meine ich liebend

unterwegs sein
mit allem
trotz allem
gerade deswegen

unterwegs sein

> Aufgrund des Glaubens wohnte er in Zelten,
> denn er erwartete die Stadt
> mit den festen Grundmauern,
> die Gott selbst geplant und gebaut hat.
> Hebräerbrief 11,9–10

IN DEINEN TOREN WERD ICH STEHEN

Nicht sesshaft werden
nicht in die Geborgenheit fliehen
keine Mauern um mich herum errichten

erwartend bleiben
fremd in der Fremde sein
leben in aller Vorläufigkeit

der Zusage vertrauen
die Heimat suchen
das himmlische Jerusalem

glauben

losgehen

unterwegs
bleiben

DU BIST

Du bist
nicht mehr verantwortlich
für Blitz und Donner
im Weltall bist du
erwiesenermaßen nicht zu finden
der Mond ist unser
Krankheiten sind nicht länger
Zeichen deiner Missgunst
die Welt scheint machbar

vielleicht
fangen wir jetzt
endlich an
Himmel und Hölle
in unseren Herzen zu suchen

ZUSAGE

du brauchst nicht
das Unmögliche
möglich zu machen
du brauchst nicht
über deine Möglichkeiten
zu leben
du brauchst dich nicht
zu ängstigen
du brauchst nicht
alles zu tun
du brauchst
keine Wunder zu vollbringen
du brauchst dich nicht
zu schämen
du brauchst nicht
zu genügen
du brauchst Erwartungen an dich
nicht zu entsprechen
du brauchst
keine Rolle zu spielen
du brauchst nicht immer
kraftvoll zu sein

und du brauchst nicht
alleine zu gehen

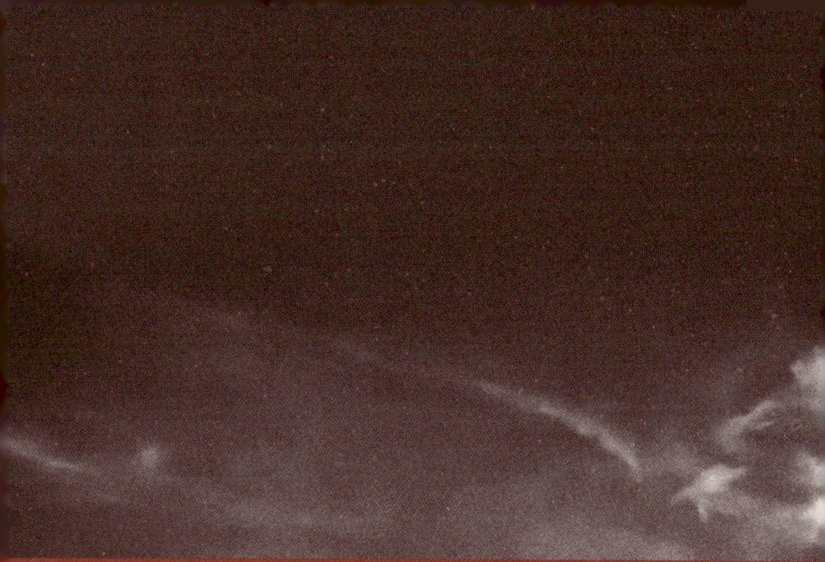

6 | HÖRE DU GOTT

beten mit der Bibel

Der Psalmen Nachtherbergen
für die Wegwunden
Nelly Sachs

HERBERGE

mich
hineingeben

in die alten Worte
den vertrauten Klang

ausruhen
vom Weg

die Wunden
verbinden

den Tag
loslassen

mich
stellen

und den Segen
erbitten

und neu

aufbrechen

Genesis 18,1–22
Gott zu Gast bei Abraham und Sara

NUR DIE SEHNSUCHT

in die jahre gekommen

lädt nur noch
die sehnsucht ein

will
und will doch nicht

ein letzter versuch

dem ganz Anderen
Tür und Tor öffnen
Brot und Fleisch anbieten

ich lache
und lache nicht

Gott
macht
ernst

> Ich lasse dich nicht,
> es sei denn, du segnest mich.
> Genesis 32,27

ÜBERGANG

Ich bin bereit Abschied zu nehmen
aber nur mit dir
nicht ohne dich

ich bin bereit zu gehen
aber nur mit dir
nicht ohne dich

ich bin bereit mich zu riskieren
aber nur mit dir
nicht ohne dich

ich bin bereit
mich in deinen Dienst zu stellen
aber nur mit dir
nicht ohne dich

zeig dich
stell dich
gib dich

ich fordere heraus – sei Antwort
ich klage ein – sage dich zu
ich ringe mit dir – segne mich

wo du nicht segnest
ist alles Mühen umsonst

> Höre Israel!
> JHWH, unser Gott, JHWH ist einzig.
> Darum sollst du den Herrn, deinen Gott,
> lieben mit ganzem Herzen,
> mit ganzer Seele und mit ganzer Kraft.
> Deuteronomium 6,4–5

HÖRE GOTT!

Höre du Gott
der du warst und bist und sein wirst

höre du Gott
dessen Wort die Welt ins Leben rief

höre du Gott
der die Mächte und Kräfte
sich zu seinen Diensten schuf

höre du Gott
der du den Menschen
als dein Abbild formtest

höre du Gott
der du Mensch und Engel
die Freiheit gabst
sich für oder gegen dich zu entscheiden

höre du Gott Abrahams, Isaaks und Jakobs
der sich den Menschen zuwendet
ihnen das Land und das Leben verheißt
und Nachkommen zusagst

höre du Gott der Israeliten in Ägypten
der sein Volk befreit
aus der Gefangenschaft führt
durch Meer und Wüste hindurch
ins verheißene Land hinein

höre du Gott Elijas
der sich im sanften Schweben verbirgt

höre du Gott Jesajas
der kraftvolle Visionen schenkt
und Mut macht in dunkler Zeit

höre du Gott Ezechiels
der du uns aufrichtest
das Herz aus Stein wegreißt

höre du Gott Johannes des Täufers
dem du die Stimme in der Wüste gabst

höre du Gott Marias
dem sie ihr Ja schenkt

höre du Gott
der du in Jesus Christus
Mensch geworden bist

höre du Gott
an den der Schrei am Kreuz
gerichtet ist

höre du Gott
der du das Leben siegen lässt
durch alle Tode hindurch

der du die Tränen abwischst
sie in deinem Krug sammelst
aber sie uns nicht ersparst
der du mein Klagen in Tanzen verwandelst
und unsere Trauer in Freude

höre du Gott
der du unsere Grenzen siehst
unserem Leben Weite gibst
unseren Ängsten Hoffnung
unser Stammeln hörst
unsere Verletzungen heilst
unsere Ohnmacht in Stärke verwandelst

und Brot und Wein
in die Kraft zum Leben

höre du Gott
höre

höre alles

was ich nicht sage

> Behüte mich wie den Augapfel, den Stern des Auges,
> birg mich im Schatten deiner Flügel.
> Psalm 17,8

SEI DU MEIN GOTT

Du
bist mein Weg mein Ziel
meine Hoffnung die Kraft

dich
suche ich
dich meint meine Liebe

dir
habe ich mich anvertraut
dir habe ich mich gegeben

ich
bin dein

dich
bitte ich

birg mich
und schütze mich
halt mich
und lass mich nicht
hör mich
und sei bei mir

sei du
mein Gott

> Mit meinem Gott überspringe ich Mauern.
> Psalm 18,30

Gott mit dir
bin ich heute
über Mauern gesprungen

du hast mich getragen
über Grenzen und Steine
hinweggetragen

wenn ich dir Hand bin
wirst du mir Flügel

> Lass dein Angesicht leuchten,
> dann ist uns geholfen.
> Psalm 80,4

TRÄNENBROT

verschleiert
der Blick

der Schrei
verstummt

Hoffnungslosigkeit
lähmt

Trauer
überfällt mich

Einsamkeit
holt mich ein

Krankheit
verfolgt mich

wo bist du
Gott

und meine Sehnsucht wächst
ins Unendliche

find mich endlich
Gott

und ich will mich
finden lassen

von dir

> Lass dein Angesicht leuchten,
> dann ist uns geholfen.
> Psalm 80,4

DU HIRTE ISRAELS HÖRE!

ich bin kraftlos geworden
müde

mein Mühen war vergeblich
umsonst

ich habe mich verloren
im Dickicht des Alltags

ich weiß nicht mehr
weiter

zeig dich und zeig mir
den Weg

nimm mich in deinen Arm
und geh mit mir

lass mich nicht allein
im Durcheinander des Lebens

ich glaube dir
ich hoffe auf dich

ich vertraue mich dir an

> Früh am Morgen tritt mein Gebet vor dich hin.
> Psalm 88,14

STELLVERTRETEND

Manchmal Gott
bin ich so in mich verkrochen
dass ich mich dir
nicht stellen kann

manchmal Gott
ist deine Größe
zu groß
für mich

manchmal Gott
verliere ich den Mut
verlässt mich die Hoffnung
macht sich Verzweiflung
in mir breit

manchmal Gott
holt mich das Dunkel
die Einsamkeit ein
und ich weiß nicht mehr weiter

wenn ich mich schon
nicht mehr stellen kann
möge zumindest
mein Gebet
vor dich hintreten

> Die mit Tränen säen,
> werden ernten mit Jubel.
> Psalm 126,5

AUF DEIN WORT HIN

trotz

meiner Fragen
meiner Verzweiflung
meiner Einsamkeit
meinem Verlorensein
meiner Heimatlosigkeit
meiner Ohnmacht
meiner Kraftlosigkeit
meiner Ratlosigkeit
meiner Traurigkeit
meinen Dunkelheiten

hinausfahren

die Netze
auswerfen

und

das Leben
an mich ziehen

> Mehr als die Wächter auf den Morgen
> soll Israel harren auf den Herrn.
> Psalm 130,6–7

WARTEN IN DER NACHT

Die Stunden der Nacht
ziehen endlos dahin

das Dunkel
will nicht weichen

das Grauen
will nicht enden

die Nacht
stellt mich

ich kann nichts mehr
sehen

in mir ist
Dunkel

und die Angst
wächst

und schreit
und lässt mich frieren

Gott lass es Morgen werden
die Nacht ist schon zu lang

> Leg mich wie ein Siegel auf dein Herz,
> wie ein Siegel auf deinen Arm!
> Hoheslied 8,6

ICH SAG MICH DIR ZU

ich sag mich
dir zu
ich geb
mich dir ganz

vorbehaltlos
bedingungslos
hier und jetzt
ohne wenn und aber

ich gebe mich ganz
halte nichts zurück
sichere mich nicht ab
bau keine Hintertür ein

ich geb mich dir
mit meinem Sein
mit meinem Weg
mit meinem Wachsen

ich sage mich dir zu
mit meiner Treue

und meiner Lebendigkeit
und all dem Unerkannten in mir

ich mute mich dir zu
mit all dem
was unerlöst ist
und auf Befreiung wartet

ich verspreche
dir nicht
die zu bleiben
die ich bin

ich verspreche dir
alles zu tun
die zu werden
die ich sein soll

und diesen Weg
zu gehen
in Treue
zu dir

> Ihre Gluten sind Feuergluten, gewaltige Flammen.
> Auch mächtige Wasser können die Liebe nicht löschen,
> auch Ströme schwemmen sie nicht weg.
> Hoheslied 8,6–7

LIEBE

Liebe bricht auf
treibt um
geht in die Tiefe
glaubt dem Traum

Liebe ergreift
weckt die Sinne
taucht alles
in ein anderes Licht

Liebe erfüllt
fließt über
schenkt sich her
in die Schöpfung hinein

Liebe geht mit
weint und lacht
tröstet und hält
lockt und birgt

Liebe traut
und sagt zu
glaubt
und lässt sich erfüllen

Liebe entflammt
reißt mit
lässt nicht mehr los
und fordert

Liebe will mein Ja zum Leben

> Die aber, die dem Herrn vertrauen,
> laufen und werden nicht müde,
> sie gehen und werden nicht matt.
> Jesaja 40,31

SELTSAM

ich nehme mir Zeit
und Kraft fürs Gebet

und habe mehr Kraft
und Zeit

ich richte mein Tun
auf dich hin aus

und mein Handeln
verändert sich

du dringst ein und nichts
ist mehr so wie es war

Wichtiges wird unwichtig
Unwichtiges wichtig

du stellst mein Leben
auf den Kopf

und ich
lasse mich

ich gebe mich
dir

Ach, Herr, wir sind geringer geworden als alle Völker. Wir haben in dieser Zeit weder Vorsteher noch Propheten und keinen, der uns anführt, weder Brandopfer noch Schlachtopfer weder Speiseopfer noch Räucherwerk, noch einen Ort, um dir die Erstlingsgaben darzubringen und um Erbarmen zu finden bei dir. Du aber nimm uns an!

Daniel 3

MORGENGEDANKEN

Die Zeiten sind schwierig geworden
Gott
wir sind nicht mehr viele
wir werden verlacht
nicht mehr ernst genommen
unser Tun und unsere Botschaft
fallen oft ins Leere
wir haben nichts mehr
was wir dir geben können
denn wir haben selbst nichts mehr
wir sind müde
leer und
ausgebrannt
wissen nicht mehr weiter
sind am Ende mit der Kraft

und ob diejenigen
die uns vorangehen sollen
noch wissen
wohin sie eigentlich gehen sollen
ist auch nicht immer so ganz klar

Gott
die Zeiten sind schwierig geworden
aber da war doch noch was
da sollte doch noch was sein
ist da was
was war das
ich bin mir ein bisschen unsicher
da warst doch
du
irgendwann
irgendwo

wo bist du abgeblieben in meinem Leben
wohin bist du verschwunden
wohin bist du gegangen

oder habe ich dich verlassen
habe ich dich verloren
bin ich von dir gegangen

ich bin müde
die Zeiten sind schwierig geworden
und doch ist da irgend etwas
geblieben
ein Ahnen
ein Sehnen
vielleicht ins Leere
ins Dunkel hinein

aber ganz tief in mir
gibt es etwas
das berührbar geblieben ist
da gibt es etwas

das immer noch du sagt
auch wenn ich dich verloren habe
da gibt es etwas
was sich dunkel erinnert

meine Arbeit überfällt mich
Erwartungen fesseln mich
der Druck
das Tempo
nehmen mir den Atem
ich weiß nicht
wie ich den Tag überstehen soll

der Kreis schließt sich
Erwartungen
Reagieren
in Druck kommen

nicht mehr zur Ruhe kommen
dich nicht mehr finden
noch mehr tun
um mich zu retten
Teufelskreis

und plötzlich erkennen
so
geht es nicht
und es bleibt ein Schrei

du
nimm du mich an
um deines Namens willen
löse den Bund nicht auf

verwirf mich nicht
zeige mir dein Erbarmen

ich bin hier
so wie ich bin
mit all meiner Müdigkeit
allen meinen Schwächen und Fehlern
allem Verloren-gegangen-Sein
aber ich bin
hier
ich komme zu dir
auch wenn ich nicht mehr weiß
wer du bist
was du bist
wo du bist
ob du bist

ich komme zu dir
auch wenn nur meine Sehnsucht
und mein Fragen
von dir erzählen
aber
hier bin ich

wer dir vertraut
wird nicht beschämt

hier
bin ich
ob ich dir vertraue
wirklich vertraue
weiß ich noch nicht
oder nicht mehr

aber
hier bin ich

ich suche dein Angesicht
ich will dich schauen
will mich anschauen lassen
von dir
hier bin ich

und ich habe
ein bisschen Angst
was wirst du sehen
wen wirst du sehen
wenn du mich siehst

Handle an mir
nach deiner Milde
nach deinem überreichen Erbarmen

hier bin ich
sei du mit mir
sei du bei mir

Errette mich
deinen wunderbaren Taten entsprechend

sei mit mir
geh mit mir
schenk mir neu die Sehnsucht
sei mir Liebe
lass mich dir trauen
gib mir den Mut zum nächsten Schritt

ich bin hier
sei du mein Gott
ich will dich preisen
will dich rühmen

Gepriesen und gelobt bist du
du Gott unserer Väter und Mütter
du Gott meiner Sehnsucht
du Gott meiner Liebe
gepriesen und gerühmt
in allem Dunkel und aller Bedrängnis
in aller Müdigkeit
voller Sehnsucht
gelobt und gepriesen
voller Hoffnung und Zuversicht
heute
jetzt
und immerdar

Die kursiv gesetzten Zeilen sind Verse aus dem Gebet des Asarja im Feuerofen, Daniel 3,25–45.

> Ich traue mich dir an auf ewig;
> ich traue mich dir an
> um den Brautpreis von Gerechtigkeit und Recht,
> von Liebe und Erbarmen.
> Hosea 2,21

UND GOTT SPRICHT

ich gott
traue mich
dir mensch an

ich gebe mich
in deine hand
ich gebe mich dir

mit dir schließe ich
meinen bund
auf ewig

sogar der tod
wird neue hochzeit
sein

> Das Wasser, das ich gebe,
> wird zur sprudelnden Quelle werden.
> Nach Johannes 4,14

GIB MIR WASSER DES LEBENS

Gott,
du hast Wasser des Lebens.

Gib mir davon zu trinken,
damit die Wüsten in mir grün werden.
Gib mir davon zu trinken,
damit das Harte in mir weich wird,
damit Liebe wachsen kann,
die Hoffnung nie versiegt,
der Glaube nicht austrocknet.

Gott,
gib mir das Wasser des Lebens
und lass es in mir
zur sprudelnden Quelle werden,
zur Quelle, die nie versiegt.

Und mach mir Mut,
Gott,
dieses Wasser des Lebens an andere weiterzugeben,
es nicht in mir einzusperren,
Dämme und Mauern darum zu bauen,
sondern es auszugießen,
mit anderen zu teilen.

Gib du mir
das Wasser des Lebens.

Jesus hat außerhalb des Tores gelitten, um durch sein
eigenes Blut das Volk zu heiligen. So lasst uns denn zu ihm
hinausgehen vor das Lager und seine Schmach tragen.
Denn wir haben hier keine bleibende Stadt, sondern
wir suchen die zukünftige.
Hebräer 13,12–14

VOR DER STADT

Den Schutz der Mauern verlassen
die Sicherheit der Häuser aufgeben
Abschied nehmen von der Vertrautheit
von Ruhe Ordnung Bürgerpflicht

herausgerufen
auf den Weg geschickt
mit ihm sein
im nicht mehr und noch nicht

Weite Wüste freies Feld
verletzbar schutzlos
empfindsam berührbar
verwundert irritiert

ergriffen angerührt
von deiner Verbundenheit
bis in den Tod
draußen vor der Stadt

von deiner abgrundtiefen
Solidarität mit dem Dunkel
der Menschen in Leid und Not
draußen vor der Stadt

du meinst mich
du willst mich
du rufst mich
du hast mich

und so gehe ich
verlass die Stadt
nehme Abschied lasse los
vertraue dir verlasse mich

setz mich dir aus
geb mich dir hin
halte dich aus
geb mich dir preis

Weite Wüste freies Feld
nicht mehr und noch nicht
Verletzung Verheißung
draußen vor der Stadt

Tod Tanz und Traum
hingebendes Vertrauen
abgrundtiefe Verbundenheit
bleibende Hoffnung

Niemandsland
Gottesland
draußen
vor der Stadt

> Wer siegt, dem werde ich einen weißen Stein geben,
> und auf dem Stein steht ein neuer Name,
> den nur der kennt, der ihn empfängt.
> Offenbarung 2,17

NOCH EIN BISSCHEN FRAGEND

ob ich schon gesiegt habe
bezweifle ich Herr
ich spür mich eher
am Anfang eines Weges

voll Angst und Hoffnung
voll Zutrauen und Zumutung
was aber ist das für ein Weg
und ist es dein Weg

wo kommt die Kraft her
ist das dein Manna
wo kommt der Mut her
ist es Verzweiflung

ich ahne dich
was willst du von mir
ich bin bereit
was soll ich tun

du hast mich bei meinem Namen gerufen
und es klingt fremd und vertraut zugleich
sei du mein Weg
sei du mein Fragen

sei du mein Name

7 | DU KOMMST IN MEIN
LEBEN HEREIN

von Advent bis Andreas

ADVENT

ein Wort
ein Klang
ein Bild

eine Hoffnung
eine Sehnsucht
ein Ahnen

nicht mehr
zufrieden sein
mit dem was ist

mehr wollen
anders sein
getrieben werden

und aufbrechen
losgehen
den Träumen trauen

dem Stern in der Nacht
dem Wort im Schweigen
dem Kind in der Krippe

VIEL
LEICHT

eine Verheißung
in den Ohren
einen Stern
vor Augen
meine Gaben
in den Händen

mache ich mich auf

den Weg

und weiß nicht

wo ich
ankommen werde

> In jener Gegend lagerten Hirten
> auf freiem Feld und hielten
> Nachtwache bei ihrer Herde.
> Lukas 2,8

AUSGESETZT

schlecht brennt
das Feuer heute Abend

das Dunkel
ist irgendwie dunkler

der Job
irgendwie schwieriger

ich fühl
mich

unbehaust und
ungeborgen

verloren
heimatlos

und höre
fürchte dich nicht

und würde es
so gerne glauben

ZARTHERB

geahntes Geheimnis
im Dunkel verborgen
verzauberndes Flüstern
und neu hinhören
einen Augenblick Mut haben
und sich verlassen
wiederfinden
das Licht einer Kerze
ein Duft
ein Klang
ein Ahnen
nichts wird mehr so sein
wie es mal war
die Nacht ist rau
der Wind geht hart
kein schützendes Dach
und nur wenig Gepäck
ein tanzender Stern
ein Wort
die Umarmung eines Engels
und die Sehnsucht wächst
ein wenig rascher
als die Angst
Tränen
wissen um Abschied
Altes löst sich
Neues ist verletzbar
Tanz und Traum
und eine rote Rose

von irgendwem geschenkt
und wachsende Gewissheit
und Schmerz
und Erkennen
und Lassen
und Geben

Gott
bricht
ein

> Mitten unter euch steht der,
> den ihr nicht kennt.
> Johannes 1,26b

wenn das Schwache
in mir leben darf
wenn ich mir
meine Sehnsucht eingestehe
wenn ich das Dunkel
aushalte
wenn das Leise in mir
in der Stille erklingt
wenn in mir
Neues heranwächst
und in die Welt drängt

dann brauche ich
die Solidarität dieses Gottes
der Kind wird

vielleicht war
Weihnachten
schon

WEIHNACHTEN

Gott
du großer Gott
ein Kind im Stall

du brichst in mein Dunkel herein
teilst meine Ohnmacht
stellst dich mir Schwachen
zur Seite

du weckst meine Sehnsucht
färbst meine Träume
wartest mit mir auf den Anbruch
des Morgens

du lehrst mich suchen
machst Mut zum Aufbruch
lädst ein zum Leben
und gehst mit

Weihnachten

ein Weg fängt an

GOTTESGEBURT

Wenn ich
zu mir komme

und das Außen
loslasse

wenn ich aus dem Reden
ins Hören komme

aus dem Tun
ins Sein

wenn ich mich
stelle

und nicht länger
flüchte

dann erst
kann Gott

zur Welt kommen
in mir

durch mich
zu den Menschen

HEILIGE NACHT

wenn ich malen könnte
würde ich ein kleines
schäbiges Haus malen

ganz klein
in ganz viel Weite
und mit ganz viel Verlorenheit

und mit ganz viel Dunkel drumherum
und der Sturm der dahinfegt
und die Kälte die zittern lässt

und die Hoffnungslosigkeit
und die Angst
und die Sorge

und dann würde ich
mitten in dieses kleine schäbige Haus
mit dem gelbesten Gelb einen Punkt setzen

und diesem Bild
würde ich dann den Titel

du

geben

> Über denen, die im Land
> der Finsternis wohnen, strahlt ein Licht auf.
> Jesaja 9,1

KRIPPE UND KREUZ

das Dunkel der Welt
ist der Schatten des Kreuzes

das Licht der Krippe
nimmt all das nicht weg

aber es leuchtet
in dieses Dunkel hinein

> Krippe und Kreuz
> sind nicht zu trennen

das Licht der Krippe
kennt den Tod

und das Kreuz enttarnt
die falschen Lichter

> Kreuz und Krippe
> gehören zusammen

und weil es
das Kreuz gibt

brauchen wir

das Licht
der Krippe

nicht nur einmal
im Jahr

JAHRESWECHSEL

Gott,
du hast viel mit mir angestellt
in diesem Jahr,
ich habe mich anstellen lassen

einiges, vieles ist schiefgelaufen,
manches hätte anders sein können
wenn ich meinen Dickkopf aufgegeben hätte
nicht so bequem gewesen wäre
nachgedacht hätte
auf dich gehört hätte

darf ich noch mal neu anfangen
jetzt in diesem neuen Jahr?
Ja?
Du trägst nicht nach,
lässt mich nicht los,
auch wenn ich dich häufig genug
losgelassen habe?

Bleibe bei mir in diesem neuen Jahr,
ich habe ein bisschen Angst,
ob ich das alles so schaffen werde,
was da auf mich zukommt

VIERZIG TAGE

Auf der Suche
nach dir

vierzig Tage
und
vierzig Nächte

und dann

zerreißen Träume
im Sturm

zerbrechen Bilder
im Beben

verbrennen Hoffnungen
im Feuer

erst jetzt
ist zarte Berührung
möglich

wächst leise
eine sanfte Kraft

und kann
dich
finden

in mir

UMKEHR

„Ich glaube
an Gott"

und ganz automatisch
die Worte

„den Vater
den Allmächtigen"

schließlich
lange genug gelernt

man weiß ja
was man zu sagen hat

ich glaube
an Gott

natürlich
glaube ich an Gott

der Gottesdienst
ist mir wichtig

das Gebet
vor dem Schlafengehen

und viele schöne
Erinnerungen

und natürlich
gibt es ein Kreuz in meiner Wohnung

ich glaube
an Gott

aber glaube ich
Gott auch

ich habe dich
bei deinem Namen gerufen

du bist
mein

und du
wirst leben in Ewigkeit

und leben
in Fülle

und du wirst
das Kreuz auf dich nehmen

wenn du
mir nachfolgst

und ich werde
bei dir sein

vielleicht
ist es ein bisschen einfacher

an Gott
zu glauben

als

Gott
zu glauben

AM ENDE

tot
nicht mehr lebendig
abgeschrieben

gekreuzigt
gestorben
und begraben

endlich gibt es Ruhe im Land
endlich haben wir uns den vom Leib geschafft
endlich ist er zum Schweigen verurteilt

gekreuzigt
gestorben
und begraben

Todesstille
Grabesruhe
Reihe 4, Grab 8

zur Seite gestellt
fertig gemacht
abgehakt

gekreuzigt
gestorben
und begraben

am Ende

PASSION: NEIN UND DOCH

manchmal
ist leben
eine Zumutung

da werden dir
Kreuze aufgeladen
die du
nicht tragen kannst
und willst

da werden dir
Kreuze aufgeladen
die dich in die Knie zwingen
und die Hoffnung
verraten

und keine netten Worte
schöne Gesten
Resolutionen
Verzweiflung
Wut
Gebrochenheit

und im
Todesahnen

ein Schrei
nach Leben

durchkreuzt
gebrochen

nicht wollen
und doch

müssen
hier und jetzt

ich
und du

mein Leben
dein Leben

durchkreuzt
gebrochen

mein Kreuz
und dein Kreuz

verbunden
im nein und doch

und dann
wird mein Kreuz
zu deinem Kreuz
und dein Kreuz
zu meinem Kreuz

und dann
all das
dem hinhalten

der
das
aushält

der die Tränen
in seinem Krug
aufhebt

und der
all das
verwandeln kann

dem Leben
entgegen

SOLIDARITÄT DES KREUZES

du kommst
in mein leben
herein

du gehst
meine wege
mit

du nimmst
meine kreuze
auf dich

du für mich
wie so groß
ist die liebe

ich lasse dich
in mein leben
hereinkommen

ich gehe dir
auf deinen wegen
nach

ich stehe
vor dem kreuz
deiner liebe zu mir

ich vor dir
auf den spuren
der liebe

ENTSCHIEDEN
FÜR DAS LEBEN

manchmal
da kann leben
ganz erbärmlich sein

eine alte zerbrechliche frau
hilflos dem tun der ärzte ausgeliefert
ein junger mann
bewerbung wieder abgelehnt
die einsamkeit in einer ehe
wenn der partner neben einem her lebt
das junge mädchen ungewollt schwanger
und noch in der schule
nicht mehr weiterwissen
und schlaftabletten horten
der alte mann
von den eigenen kindern abgeschoben
35 – diagnose krebs
und man hatte noch so viel vor
fehlgeburt in der 14. woche
und man hatte sich doch so gefreut
einsames sterben
und erfüllt von angst
drei kinder die wohnung zu klein
und der mann zahlt nicht
der tod des menschen
den ich liebe
das kleine kind
brutal misshandelt

nachts nicht mehr weggehen
weil die hautfarbe ein wenig zu dunkel ist
das perfekte leben
das gibt es nur im fernsehen
und in den zeitschriften
im vierfarbdruck
und auf hochglanzpapier
die wirklichkeit
sieht anders aus

manchmal kann leben
ziemlich erbärmlich sein

und jede erbärmlichkeit
tut weh
jede erbärmlichkeit
ist schlimm
für jeden kommt
früher oder später
der punkt
an dem man dem leben nicht mehr glaubt
an dem man
dem leben nicht mehr glauben kann
nicht mehr glauben will

und es gibt gar nicht viel dazu zu sagen
es ist so

und da sind wir in guter gesellschaft
da gab es einen
der wurde erbärmlich ans kreuz geschlagen
der hat geheult geblutet geschrieen
den haben die freunde verlassen
der wurde verlacht und verspottet

der ist erbärmlich gestorben
der kennt all das
was wir kennen
der hat all das erlebt
was wir erleben
und der hat gefragt
so wie wir auch fragen
mein gott mein gott
warum hast du mich verlassen

und seitdem wissen wir
dass wir in unserer erbärmlichkeit
nicht allein sind
dass sich einer in unsere erbärmlichkeit
hineinbegeben hat
dass sie einer auf sich genommen hat
um uns ganz nahe zu sein
gerade dann
wenn sich niemand unser erbarmt

und er hat uns gezeigt
dass die erbärmlichkeit
nicht das letzte wort hat
er hat uns gezeigt
dass der tod
das spiel mit dem leben verliert
er hat
die grenze der erbärmlichkeit durchbrochen

er geht in die not hinein
und er nimmt uns an die hand
und geht mit uns zum leben

in ein leben
das den tod kennt
aber das stärker ist
als jeder tod

der tod hat viele namen
das leben hat nur einen
aber diese name
ist größer als alle namen
und dieser name heißt
gott will das leben
allen toden zum trotz

gott
ist der
der sich unserer erbärmlichkeit erbarmt
der den tod auf sich nimmt
um uns an die hand zu nehmen
und ins leben zu führen

er ist die entscheidung
für das leben
für ein leben
das den tod kennt
und das lebt
allen erbärmlichkeiten
zum trotz

VOLLER SCHMERZEN
MIT KRANKHEIT VERTRAUT

fallen
abgrundtief
bodenlos

zerbrochen
hingeworfen
ausgeblutet

tiefe
dunkel
ende

schweigen
stille
starre

und

ein leib
bäumt sich

glieder
verzerren

ein schrei
zerreißt

und
stürzt

und
verliert sich

in
mir

hinabgestiegen

in mein reich
des todes

WENN DU GOTT SUCHST
ODER
AUFERSTEHUNG

Gott

wer bist du
wo seh ich dich
und wie
find ich dich

ich frage
ich suche
und ich weiß nicht

geht hinaus in alle Welt
geht hinaus in die Straßen unserer Städte
in die Kaufhäuser
in die Schulen
in die Lebensmittelmärkte
auf die Sportplätze
in die Restaurants und Lokale
auf die Bahnhöfe
und ins Obdachlosenheim
in die Krankenhäuser
und zu den Banken

ich bin da
wo Menschen leben
ich bin da
wo Menschen sind

ich bin in der vergrämten jungen Frau
die scheu in ihr Portemonnaie schaut
bevor sie den Laden betritt
ich bin in dem alten Mann
der um seine Frau trauert
ich bin in der Freude des jungen Paares
das ein Kind erwartet
ich bin in der Hoffnungslosigkeit
des Obdachlosen
der Angst vor dem Winter hat
ich bin in den Schmerzen des Jungen
der im Klinikum untersucht wird
ich bin in den Zweifeln des Managers
ob Geld allein wirklich so wichtig ist
ich bin im langweiligen Alltag der Angestellten
in der Aufregung vor der entscheidenden Prüfung
in der Angst vor dem Befund des Arztes
und im Glück der ersten Liebe
ich bin da
wo Menschen leben
ich bin da
wo Menschen sind

das Gesicht Gottes
sind wir Menschen
unsere Freude ist seine Freude
unsere Trauer ist seine Trauer
unsere Angst ist seine Angst
unsere Hoffnung ist seine Hoffnung
unser Tod ist sein Tod
und unsere Liebe ist seine Liebe

und seine Auferstehung
ist unsere Auferstehung

wenn du Gott suchst
dann geh zu den Menschen
wenn du nach Gott fragst
dann hör den Menschen zu
und wenn du Gott lieben willst
dann fang bei den Menschen an

Er ist da
wo Menschen leben
Er ist da
wo Menschen sind

AUFERSTEHUNG

das ist nur möglich
mit uns
und nicht gegen uns

wie will einer auferstehen
wenn wir ihn nicht
auferstehen lassen

wie will einer
uns zum Leben rufen
wenn wir nicht wollen

wie will uns einer einladen
zum Aufstand gegen den Tod
wenn es uns egal ist

wie will uns einer für das Leben begeistern
wenn wir uns zufriedengeben
mit dem was ist

wie sollen wir leben
wenn wir den Tod
nicht achten

und wie sollen wir werden
wenn wir nicht

sind

PFINGSTEN: SEGNE UNS DU GOTT DES FEUERS

komm und entflamm uns
entfach das Feuer der Sehnsucht
schür den Traum einer anderen Welt

verbrenn was uns festhält
äscher die Hütte ein
verseng die Gewöhnung

lass die Hoffnung aufflackern
die Leidenschaft aufflammen
den Funken Liebe auflodern

entbrenn die Erwartung
entzünd in mir dein Ja
entfach die glimmende Glut des Seins

gib uns
den Funken
der uns lebendig macht

läutere mich in deinen Flammen
damit ich neu
aufleuchte

schenk uns
dein Feuer
damit wir neu entflammen

Segne uns du Gott des Feuers
lass uns entbrennen
und brenn mit uns

HEIL'GER GEIST, ENTFLAMME UNS

Schenke uns die Gabe der Einsicht
damit Herz zu Herzen findet
lehre uns die Sprache der Liebe
schenk uns Vertrauen
lass uns
Gott erkennen
mit dem Herzen hören
hinter die Dinge sehen
aus der Tiefe leben

Heil'ger Geist entflamme uns!

Schenk uns die Gabe der Erkenntnis
damit wir unterscheiden können
zwischen Gut und Böse
Leben und Tod
damit wir uns erkennen
und unsere Grenzen und Möglichkeiten
lass uns den anderen erkennen
und die Wirklichkeit sehen
und lass nicht zu
dass wir dabei
unsere Träume und Hoffnungen verraten

Heil'ger Geist entflamme uns!

Schenk uns die Gabe der Weisheit
lass uns erkennen
worauf es ankommt
was wirklich wichtig ist

lass nicht zu
dass wir uns der Oberflächlichkeit hingeben
uns verlieren in den Nichtigkeiten unseres Lebens
lass uns zur rechten Zeit
das rechte tun

Heil'ger Geist entflamme uns!

Schenk uns die Gabe des Rates
öffne uns für die Stimme Gottes
lass uns hören
was Gott von uns will
lass uns hinhören
wenn einer uns rät
und gib uns die Liebe
und die richtigen Worte
wenn wir anderen raten

Heil'ger Geist entflamme uns!

Schenk uns die Gabe der Frömmigkeit
lass uns dankbar sein
glauben zu dürfen
es ist Geschenk
keine Pflicht und kein Muss
gib uns das Vertrauen
dass Gott es gut mit uns meint
hilf uns
den Glauben zu leben
hilf uns
aus Gott zu leben

Heil'ger Geist entflamme uns!

Schenk uns die Gabe der Gottesfurcht
lass nicht zu
dass wir Gott
für unsere Interessen vereinnahmen
konfrontiere uns
mit seiner Größe
mit seiner Allmacht
lehre uns Ehrfurcht
und Demut
damit wir Gott nicht
durch unser Leben entwürdigen

Heil'ger Geist entflamme uns!

Schenk uns die Gabe der Stärke
gib uns den Mut
hinzustehen
einzustehen
für unseren Glauben
schenk uns den langen Atem
der uns die Kraft gibt
allen Widrigkeiten zum Trotz
dem Leben zu trauen
weil Gott
es mit uns lebt

Heil'ger Geist entflamme uns!

Komm
Heil'ger Geist
du Gottestänzer
Menschenfreund

komm und
entflamm uns
schenk uns dein Feuer
schür die Glut
entfach den Funken
lass die Flamme lodern!

Schenk uns ein Herz,
das vor Zärtlichkeit brennt!

Heil'ger Geist, entflamme uns!

BRANDSTIFTER

Feuerflamme
Feuerzunge
Feuersäule

brennender Dornbusch
starkes Wort
mächtiger Geist

du Licht
du Glut
du Kraft

vor dir verstummen
und nur noch sein
von dir geleitet
und durch Wüsten gehen
von dir erfüllt
und überströmen
in Brand gesteckt
zum Leben angestiftet
zum Werden verführt

bricht sich Schweigen
in Worte
laden Wege
zum Mitgehen
wird Erfüllung
zum Tun
werde ich
zum Brandstifter
in Sachen Leben

DU

bist das Ziel
der Weg
die Kraft

dir

bin ich
geb ich mich
lass ich mich

und plötzlich

überfällt mich
das Leben
no chance
mitten drin
von überall her

kopfunter
lustüber

mich geben
ins Sein

und

leben
in
Fülle

ANDREASTAG (30. NOVEMBER)

Andreas ist es, der Petrus auf Jesus verweist – und überlässt ihm neidlos dann die größere und machtvollere Rolle. Er ist es, der von dem kleinen Jungen mit den fünf Broten und zwei Fischen weiß – und Jesus darauf aufmerksam macht. Er bekommt mit, dass einige Griechen Jesus kennenlernen möchten – und stellt den Kontakt her. Er ist dort, wo das eine dem anderen begegnet. Und wohl deshalb steht auch gerade sein Kreuz, das Andreaskreuz, an Bahnübergängen.

„Kommt und folgt mir nach! Ich werde euch zu Menschenfischern machen" – das ist der Auftrag Jesu an Andreas. Man könnte es auch so sagen: „Verbündet Himmel und Erde, Gott und die Menschen wieder miteinander." Und das ist sein Auftrag an uns – Himmel und Erde, Gott und die Menschen miteinander zu verbünden. Damit wir jeden Tag ein wenig mehr leben ... mit seiner Zusage. „Seid gewiss, ich bin bei euch alle Tage bis ans Ende der Welt."

Mit dieser Zusage können wir getrost den Übergang wagen und das Neue beginnen. Und vielleicht steht ja auch an diesem Übergang ein Andreaskreuz ...

8 | HEILIGER RAUM, HEILIGE ZEIT

Gottesdienst mitfeiern

GOTT RAUM GEBEN

Orte gestalten
an denen man
mit Gott ist
an denen man
vor Gott sein kann

um ihm zu danken
ihn zu loben
sich ihm zu geben
als Antwort
auf sein „ja"

Gott und Mensch
du
und ich
ein heiliger Ort
eine heilige Zeit

um nicht unterzugehen
in den Banalitäten des Alltags
die Träume nicht zu verraten
der Sehnsucht Raum zu geben
den Horizont zu weiten
das Leben zu vertiefen
um zu leben
hier und jetzt
als Mensch
vor Gott

im heiligen Raum
in heiliger Zeit

KREUZZEICHEN

Das Kreuzzeichen
auf meinem Körper
will mir sagen:

Gott braucht mich
mit Kopf
Herz
und Händen

Du bist
der Gott
der mich anschaut

dass ich
deinem Blick nicht standhalten kann

liegt wohl eher an mir

HERR, ERBARME DICH

Herr, erbarme dich
wende dich mir zu, o mein Gott
schau mich an
streck deine Arme aus
reich mir deine Hand

damit ich mich
dir zuwenden
dich anschauen
meine Arme ausstrecken
dir die Hand reichen kann

erbarme dich, Gott
sei bei mir
wenn ich einsam bin
verlass mich nicht
wenn ich das Leben verfehlt habe

schau mich an

wenn du mich anschaust
kann ich mich anschauen

MENSCHEN

Gott
hat viele Namen
viele Gesichter

jeden Tag neu
das Antlitz Gottes suchen
und ihm
die Ehre geben
die ihm gebührt

Ich, der Herr, fasse dich an der Hand
Jesaja 42,6a

ICH GLAUBE

Ich glaube an einen Gott, der das Leben und die Lebendigkeit will.
Ich glaube an einen Gott, der mich gewollt hat, noch bevor meine Eltern wussten, dass es mich gibt.
Ich glaube an einen Gott, der zu mir Ja sagt.

Ich glaube an einen Gott, der mich liebt, vorbehaltlos – ohne dass ich erst große Leistungen erbringen muss.
Dieser Gott erspart mir mein Dunkel nicht – würde er es mir ersparen, könnte ich nicht wachsen. Aber er geht mit.

Mitten im Dunkel ist da einer, der mir vertraut, der mich will, der mitgeht.
Und zu dem darf ich ganz einfach „Du" sagen – du bist bei mir, du gehst mit.
Und ich darf schimpfen und schreien und fluchen – und du bist einfach da.

Ich habe ein „Du" – und dieses „Du" ist die Wurzel, die mich hält.

EIN GLAUBENSBEKENNTNIS

Ich glaube
an Gott
der mir Vater und Mutter ist
und zugleich der „ganz Andere"
den ich nicht fassen
nicht begreifen kann
und der mich doch berührt

Ich glaube
dass Gott
mächtig ist
uns gut will
und das Leben liebt

Ich glaube
dass Gott
den Kosmos erschaffen hat
dass die Welt gut war
gut ist
und wieder gut werden kann

Ich glaube
an Jesus
als Christus
Zeuge von Gottes Größe
Sohn Gottes
der uns durch sein Leben eingeladen hat
zu Söhnen und Töchtern Gottes zu werden

FÜRBITTE

Beten heißt
vor Gott bringen
mich und mein Leben
meine Fragen und meine Unsicherheit
meine Schuld und mein Versagen
aber auch meine Freude mein Jauchzen
meine Hoffnungen und Träume

die Freunde und ihre Situation
ihre Krankheiten und schwierigen Entscheidungen
ihre Kraftlosigkeit und Resignation
aber auch ihre Überlegungen und Pläne
ihr Verliebtsein und ihr Vertrauen

die Verwandten und Nachbarn
die manchmal so ganz anders sind
und so schwer verstehbar
die gelegentlich anstrengend sein können
aber auch heimatstiftend

die Fremden
die mir manchmal so vertraut sind
und dann wieder erschreckend fern
in ihrem Anderssein und Andersleben
und nahe in dem Reichtum ihrer Gastfreundschaft

unsere Kirche und ihre offiziellen Vertreter
die mir manchmal Angst machen
mich in Wut bringen
und doch wieder Heimat sind
und Zukunft

die großen Konzerne
die Geld machen wollen
Menschen missbrauchen
deine Schöpfung ausbeuten
und den Götzen Geld anbeten

die Politiker
die über Wohl und Wege eines Landes entscheiden
in all ihrem Machthunger
aber auch in ihrem aufrichtigen Verlangen
den Menschen gut zu tun

und lass uns
all die einfallen
die wir schon vergessen haben
damit wir sie und ihr Leben
vor dich bringen

beten
heißt
vor dich bringen

vor dich bringen heißt
mir all derer und all dessen
bewusst werden

mir bewusst werden heißt
ins Handeln zu kommen
mich zu engagieren

mich zu engagieren heißt
betend zu werden

um deinen Segen
für mein Tun zu erbitten

um loszulassen in dich
verändern zu lassen von dir

heißt meinen Teil tun
und dir deinen nicht abnehmen

WIR BRINGEN DIR UNSER LEBEN

Wir bringen dir das Brot unseres Alltags
das nicht immer leicht zu leben ist
manchmal ist es hartes Brot
Leben ist nicht immer einfach
das Brot unseres Alltags
sind auch die Körner die zermahlen werden
das sind die Träume die sterben müssen
und Pläne die durchkreuzt werden
Hoffnungen die nicht erfüllt werden
das ist Mühsal und Arbeit
und das ist unser Hunger und unsere Sehnsucht

Unser Leben ist manchmal so leer wie der Kelch
der jetzt auf dem Altar steht
wir haben den Sinn verloren
wir wissen nicht mehr weiter
wir spüren unsere Einsamkeit
und manchmal ist unser Leben ein Schrei danach
von dir gefüllt zu werden

Und dann sehnen wir uns danach
dass du den Wein des Lebens in uns eingießt
dann sehnen wir uns danach
dass du uns erfüllst
mit Leben und Lebendigkeit
mit Lebensfreude und Lebensfest
und dann wünschen wir uns
das Leben das du uns verheißen hast
den Wein der Freude
das Fest das du uns zugesagt hast

HIER BIN ICH

hier bin ich Gott
du sprachst dein Wort
du hast mich gerufen
du hast mich bei meinem Namen genannt
hier bin ich
Schritt für Schritt
auf dich zu gegangen
Vertrautes losgelassen
deiner Zusage vertraut
mich hingegeben
mich begeistern
entflammen lassen

hier bin ich Herr
ich stehe
vor deinem Altar
und ich gebe mich
dir
ich lasse
und gebe mich
ich suche
und finde mich
ich sage „ja"
und bin
Hingabe
ich werde
Brot und Wein
für dich
und die Menschen
ich geb mich dir
wandle du mich

WANDLUNG

all das
was misslungen ist
alle steine
die im weg lagen
all das
wo ich gescheitert bin

die bruchstücke
meines lebens

vor gott
bringen

und darauf vertrauen
dass bei ihm

steine
zu brot
werden

und

unvollendetes
vollendet
wird

> Ich, der Herr,
> fasse dich an der Hand.
> Jesaja 42,6a

VATERUNSER

Eine kleine Kinderhand
in der großen Hand
des Vaters

geschützt
geborgen
aufgehoben

mich hineingeben
voll Vertrauen
voller Glauben
voller Wärme

wenn du mich auffängst
riskier ich den Sprung
wenn du mich hältst
gehe ich los
wenn du mich magst
kann ich mich mögen

wenn du bei mir bist
was kann mir geschehen?

AGNUS DEI

Du
Gott

groß
stark
allmächtig
unbegreiflich

du schenkst
mit deinem Geist

aus Liebe
in Weisheit
durch Kraft
und Macht

uns
deinen Sohn

wirst Mensch
und klein und schwach
ohnmächtig
und begreiflich
du
großer Gott
machst dich
ganz klein

damit du
uns nahe bist

damit du
in uns bist

du durchliebst
unsere Mauern
gibst dich uns
in unsere Hand

du hast dich
in meine Hand gegeben
ich halte dich
in meiner Hand

und in mir
ist unsagbar viel

Zärtlichkeit

DEIN FRIEDE SEI MIT UNS

Dein Friede
möge auf uns
herabkommen

dein Friede
möge uns
erfüllen

dein Friede
möge uns
unruhig machen

dein Friede
möge uns
sehnsüchtig machen

dein Friede
möge uns
Mut zum Dunkel geben

dein Friede
möge uns
Lust am Leben machen

dein Friede
möge uns
Vertrauen lehren

dein Friede
möge uns
auf die Suche schicken

dein Friede
möge Antwort
auf meine Fragen sein

dein Friede
sei mit uns

ZUR KOMMUNION

wir gehen unserer sehnsucht nach
und finden den rechten weg nicht

wir misstrauen dem aufbruch
und bleiben sitzen

du
aber

kommst uns entgegen
du gehst uns nach

und mehr noch
du gehst mit

du gibst dich uns
um uns ganz nahe zu sein

du machst dich klein
um in uns hinein zu passen

du wirst mensch
damit wir gott begreifen können

um uns aus der enge unseres lebens
in die weite hinauszuführen

damit wir leben
endlich

leben

SEGEN

komm wir bitten dich
komm und segne uns

sei uns licht
im dunkel

sei der leise ton
in all dem lärm

sei die stimme
die erinnert

sei die hand
die sanft berührt

sei der geist
der mich atmen lässt

sei
mein gott

ich bin
bereit

deinen weg
zu gehen

dem leben
entgegen

MARIA
SCHWESTER IM GLAUBEN

von Gott berührt
hast du dich
auf den Weg gemacht
du hast dich
aufgemacht
um Gott
zur Welt
zu bringen

Maria
Schwester im Glauben

ich will mich
aufmachen
mich auf den Weg machen
weil ich mich und meine Welt
zu Gott bringen will

weil ich das suche
was du gefunden hast

QUELLEN

Das Gebetbuch „Du Gott des Weges segne uns" versammelt Gebete und Meditationen von Andrea Schwarz aus nahezu fünfundzwanzig Jahren. Zum Teil werden sie hier erstmals veröffentlicht, zum Teil sind sie folgenden im Verlag Herder erschienenen Büchern entnommen:

Ich mag Gänseblümchen. Unaufdringliche Gedanken (^{1}1985, Neuausgabe 2005)
Bunter Faden Zärtlichkeit (^{1}1986, Neuausgabe 2006)
Zumutungen. Gewagtes Leben (^{1}1988, ^{2}1992)
Singt das Lied der Erlösung. Mit Gott das Leben feiern (^{1}1990, ^{3}1994)
Ich bin Lust am Leben. Mit Widersprüchen leben – Spannungen aushalten (^{1}1992, ^{8}2001)
Wenn ich meinem Dunkel traue. Auf der Suche nach Weihnachten (^{1}1993, Neuausgabe 2001)
Mit Leidenschaft und Gelassenheit (^{1}1994, ^{2}1995)
Und alles lassen, weil Er mich nicht lässt (mit Anselm Grün), Erstausgabe (^{1}1995, ^{7}2001)
Mich zart berühren lassen von dir. Ein Hohes Lied der Liebe (^{1}1996, ^{3}2000)
Wenn Chaos Ordnung ist (^{1}1997, Neuausgabe 2003)
Entschieden zur Lebendigkeit (^{1}1999, ^{2}2000)
Und jeden Tag mehr leben. Ein Jahreslesebuch (^{1}2003, ^{2}2004)
Unterwegs mit einem Engel. Mit dem Buch Tobit durch die Fastenzeit bis Ostern (^{1}2004, ^{2}2005)
Wer leben will wie Gott. Ein Kreuzweg (mit Angelo Stipinovich) (2005)
Bleib dem Leben auf der Spur. Geschichten von unterwegs (2005)
Den Weg im Herzen tragen. Ein Begleitbuch für Wallfahrer und Daheimgebliebene (2006)

Und alles lassen, weil Er mich nicht lässt (mit Anselm Grün), Neuausgabe (2006)

Eigentlich ist Weihnachten ganz anders. Hoffnungstexte (2007)

Der Text „Solidarität des Kreuzes" auf S. 150 zitiert mit den Worten „du für mich / wie so groß / ist die liebe" das im August 2002 entstandene Lied „Du für mich" von Kathi Stimmer-Salzeder, das das Weltjugendtagskreuz auf seinem Pilgerweg der Versöhnung 2004/2005 in Deutschland begleitet hat.

Der Text „Wenn du Gott suchst oder Auferstehung" auf S. 157–159 spielt auf den Kanon „Du bist da, wo Menschen wohnen" von Detlev Jöcker an.

ANDREA SCHWARZ, ausgebildete Industriekauffrau, ist heute in der Seelsorge und als viel gefragte Referentin tätig. Sie gehört zu den meistgelesenen christlichen Schriftstellern unserer Zeit.

© Verlag Herder GmbH, Freiburg im Breisgau 2008
Alle Rechte vorbehalten
www.herder.de

Umschlaggestaltung unter Verwendung von Aquarellmotiven
von Burkhard Finken und Manuela Wiedensohler
Innengestaltung:
Weiß-Freiburg GmbH, Graphik & Buchgestaltung
Abbildungen im Innenteil:
Seiten 12, 25, 62, 169: © photocase
Seiten 44, 74, 101, 131: © istockphoto
Herstellung:
fgb · freiburger graphische betriebe
www.fgb.de

Gedruckt auf umweltfreundlichem,
chlorfrei gebleichtem Papier
Printed in Germany

ISBN 978-3-451-32099-6